Les monstres du Lac Noir

Texte : Christian Lamblin
Illustrations : Jean-Noël Rochut

Deux niveaux de lecture

Lire des phrases → : lecteur débutant
Lire un texte : lecteur confirmé ou adulte

Nathan

Manu et sa famille partent en vacances.
Ils vont au bord du Lac Noir. La route est longue et les enfants s'ennuient un peu.

– Le lac est encore loin ? demande Manu.

– Oui, assez loin. On va s'arrêter dans une station-service pour déjeuner, dit maman.

Manu demande où est le lac.

Dans la station-service,
un vieux monsieur parle à Manu.
– Tu es perdu ? demande-t-il.
– Non, j'attends mon papa,
répond Manu. On va
au bord du Lac Noir.
Le monsieur ouvre
de grands yeux.
– Le Lac Noir ! s'écrie-t-il.
Mais c'est le lac des monstres !

Manu n'est pas rassuré…

Pendant le déjeuner, Manu est inquiet.
– Est-ce qu'il y a des monstres au Lac Noir ? demande-t-il.
– Sûrement pas ! répond papa. Il y a des poissons, des libellules, des moustiques, des oiseaux, des grenouilles, des lapins… Mais des monstres, je n'en ai jamais vus !

Manu verra-t-il des monstres sur le lac ?

La famille arrive enfin au Lac Noir. Dans la petite maison où ils vont habiter, Manu s'approche de la fenêtre et découvre le lac. Il est immense et entouré de montagnes. Ses eaux noires brillent sous la lune.
Manu est un peu effrayé.
– Qu'est-ce que tu as ? lui demande Alorie.
– C'est le lac, répond Manu. Il me fait un peu peur…

Manu regarde le lac. Il n'est pas rassuré.

La nuit, Manu est réveillé
par des aboiements.
Petitou est dehors ! se dit-il.
Manu part chercher son chien
et il le retrouve près du lac.
– Toi, tu vas te faire gronder, dit-il.
Brusquement, le chien commence
à grogner en regardant vers le lac.

Manu attrape Petitou.

Soudain, des petits bras tirent
Manu derrière un buisson.
Incroyable ! C'est Kimamila !
– Pourquoi es-tu ici ?
demande Manu.
– Regarde, répond le lutin.
Une ombre vole au-dessus du lac.
C'est un oiseau gigantesque.
Son long bec jaune et ses plumes
brillent sous la lune.
L'oiseau passe au-dessus d'eux
et disparaît dans la nuit.

Kimamila est venu pour rassurer Manu.

Le lendemain matin,
Manu parle du grand oiseau
à ses parents.
– Tu as vu un hibou ! dit papa.
– Tu as rêvé ! ajoute maman.
Manu sait bien que personne
ne va le croire et il se tait.
– Prenez vos manteaux,
on va se promener !
annonce papa.

Prenez vos manteaux pour la promenade, dit papa.

La famille suit le sentier qui longe le lac. Soudain, Petitou grogne devant un buisson. Manu s'approche et il découvre une longue plume posée sur les branches.

– Je savais bien que je n'avais pas rêvé ! murmure le garçon.

La journée passe rapidement. Il est maintenant sept heures et la nuit tombe.

Manu a trouvé une plume.

Toute la famille se retrouve au restaurant. En attendant les plats, Manu et Alorie regardent des photos du lac exposées sur un mur. Manu les observe, à la recherche d'une tête ou d'une queue de monstre, mais il ne voit rien. Même sur la photo qui représente une grande fête avec plein de monde, il ne voit rien, pas de monstre.

Manu ne voit pas de monstre sur les photos.

Maintenant, tout le monde est couché. Kimamila arrive et Manu lui montre la plume.
– C'est bizarre, dit Kimamila. Je ne savais pas qu'il y avait des monstres sur la Terre. On va aller faire un tour sur le lac.
Alorie se réveille.
Elle aussi veut aller voir le monstre du lac !

Kimamila arrive et Manu lui donne la plume.

Deux minutes plus tard, les trois amis survolent le lac.
Soudain, ils aperçoivent un énorme serpent qui nage dans l'eau !
– Il est peut-être dangereux, murmure Kimamila.
– Demain, je dirai à papa qu'il faut retourner à la maison ! dit Manu.

Les amis découvrent un énorme serpent sur l'eau.

Le lendemain, Alorie et Manu vont visiter le village avec leurs parents. Manu découvre des statues de monstres sur le mur de l'église.

– Regardez, il y a des monstres partout ici !

Maman éclate de rire.

– Mais non, dit-elle, ce sont des gargouilles.

Il y a des monstres partout sur les murs…

L'après-midi, lors d'une promenade en bateau sur le lac, Manu attrape quelque chose qui flotte sur l'eau. C'est une grosse écaille en bois.
– C'est une écaille du serpent géant ! dit Manu.
– Tu dis n'importe quoi, répond papa en riant.

Manu et Alorie sont sur le bateau. Ils ne sont pas rassurés…

La nuit tombe.
– Il est tard, on va se coucher, dit maman.
Tout à coup, papa s'écrie :
– Regardez du côté du port !
Une flamme ! Une flamme immense qui sort de la gueule d'un dragon !
– Un vrai dragon qui crache des flammes, je n'ai jamais vu ça ! dit maman. Vite, allons le voir !

Toute la famille dévale vers le port.

La famille arrive sur le port,
et là… quelle surprise ! Des chars défilent sur le quai. Un serpent glisse entre les bateaux et un oiseau géant plane dans le ciel. Personne n'a peur !
– Les gens célèbrent la fin de l'hiver, explique maman.
Soudain, Manu aperçoit Kimamila assis derrière les oreilles du dragon.
– Vive les monstres du Lac Noir !
s'écrient Alorie et Manu.

Sur le port, il y a des monstres réalisés pour la fête. Alorie et Manu sont ravis.

Doc

Un paysage

© P. Roy - Hoa - Qui / Gamma - Rapho

une photographie

de montagne

un dessin

Des sports d'hiver

la luge

© S. Etchinson-fotolia.com

© CB94-fotolia.com

la moto-neige

© M.Petrichuk-fotolia.com

le ski de piste

© DR

le traîneau

Des sports d'été

la baignade

© E.Isselé-fotolia.com

la randonnée

© DR

le VTT

© R.Villalon-fotolia.com

l'escalade

© DR

Les lieux de l'histoire

une station-service

un restaurant

un port de pêche

un mobile-home

une caravane

une tente

La fête du village

une fanfare

un défilé

un char

un carnaval

des musiciens

des spectateurs

Autour de l'eau et de la glace

l'eau
d'une rivière

l'eau du robinet

un flocon
de neige

des glaçons

une glace

une glace
(un miroir)

Conforme à la loi du 16 juillet 1949 sur les publications destinées à la jeunesse.
ISBN : 978-2-09-122704-7

MIXTE
Papier issu de sources responsables
FSC® C022030

N° de projet : 10216244
Dépôt légal : mai 2015
Imprimé en France par I.M.E.